Zur Ruhe kommen:
Abschalten.

Sorge um die eigene Seele –
wohltuende Stille,

Einssein mit sich selbst –
Hören auf das Ich.

Was nützt es dem Menschen, alles zu gewinnen,
aber sich selbst zu verlieren?
Die Stille, die du brauchst,
schafft Klarheit in der Verwirrung,
trennt das Wichtige vom Unwichtigen,
weist einen neuen Weg.

D1725900

Der Mensch soll stille werden.
Er soll zu sich selbst kommen.
Aber er soll nicht bei sich selbst bleiben.
Die Welt gestalten kann er aber nur,
wenn er sich selbst kennt,
wenn er mit sich im reinen ist,
sich selbst nicht absolut setzt
und vor allem nicht gottvergessen lebt.
Im Flug der Zeiten behält nur der den Überblick,
der nüchtern abwägt,
Maß hält und weiß,
daß alles einem Schöpfer zu verdanken ist.

Besinnung: Nachdenken über mich.
Nachdenken über Gott.
Nachdenken über die Welt.
Nachdenken über Dich.

Der Mensch braucht festen Boden unter den Füßen.
Wer sicheren Halt hat, kann seinen Blick ruhig schweifen lassen.

Bleib nicht stehen, aber wähle sorgfältig die Richtung:
Meide das Extreme,
die Mitte ist ein sicherer Ort.

Halte Kurs –
das bewahrt Dich vor dem Absturz.

Der Einsichtige ist weise.
Er sucht die Gewißheit,
aber er findet sie nicht bei sich.
Sie ist keine Frucht der Vernunft,
sie ist ein Geschenk.
Unverfügbar.
Plötzlich überkommt sie Dich.

Der Mensch ist vielen Gefahren ausgesetzt:
der Leichtfertigkeit, der Ichbezogenheit,
der Arroganz, der Arglosigkeit.
Er ist sich nicht immer
der Konsequenzen seines Handelns bewußt.
Je weniger Zeit er sich zum Innehalten gönnt,
desto größer ist die Gefährdung,
Selbstbewußtsein mit Stolz,
Leichtsinn mit Mut
und Überheblichkeit mit Kompetenz zu verwechseln.

Die Stille ist die Quelle,

aus der der Mensch neue Kraft schöpft,
aus der ein neuer Anfang entsteht,
aus der Einsicht wächst,
aus der die Kraft zur Versöhnung kommt.

Der Mensch weiß, was er tun soll,
aber er tut nicht immer, was er kann.

> *Nur der Nachdenkliche lebt seiner Bestimmung gemäß*
> *und erkennt die Gefahren der Versuchung.*

Er hat einen wachen Blick,
ein offenes Ohr

> *und eine helfende Hand für die Traurigen,*
> *für die, die am Rande stehen.*

Wer aus der Stille lebt,
lebt in der Welt.
Er liebt die Welt,
aber er weiß auch,
daß die Unruhe seines Herzens
erst ihre Ruhe findet,
wenn Gott sich seiner annimmt.

Alles unter dem Himmel hat seine Zeit:

Das Reden
und das Schweigen.

Das Handeln
und das Stillhalten.

Das Aus-sich-herausgehen
und das In-sich-zurückziehen.

Heute möge Dein Geist ausruhen

von der Fülle der Termine,
von der Flut des Redens,
von der Anstrengung des Reisens,
von der Beschäftigung mit anderen.

Nur der Schweigende hört.
Nur der Schweigende hört wirklich zu.
Nur der Schweigende hört den Ruf des Verzweifelten.

Schweigen ist **Zuhören.**
Schweigen ist **Zuwendung.**
Schweigen ist **Liebe.**

Nimm Dir Zeit zur Ruhe,
dann begreifst Du, daß Du umherirrst.

Nimm Dir Zeit zur Stille,
dann spürst Du, wie der Lärm Dich taub macht.

Nimm Dir Zeit für Dich,
dann wirst Du sehen, wie neue Kraft in Dir wächst.